Fabian Buckow

Bewertung und Management von Prozessrisiken

GRIN Verlag

Bibliografische Information der Deutschen Nationalbibliothek:

Die Deutsche Bibliothek verzeichnet diese Publikation in der Deutschen National-
bibliografie; detaillierte bibliografische Daten sind im Internet über http://dnb.d-
nb.de/ abrufbar.

Impressum:

Copyright © 2013 GRIN Verlag GmbH
Druck und Bindung: Books on Demand GmbH, Norderstedt Germany
ISBN: 978-3-656-51161-8

Dieses Buch bei GRIN:

http://www.grin.com/de/e-book/262325/bewertung-und-management-von-prozess-
risiken

GRIN - Your knowledge has value

Der GRIN Verlag publiziert seit 1998 wissenschaftliche Arbeiten von Studenten, Hochschullehrern und anderen Akademikern als eBook und gedrucktes Buch. Die Verlagswebsite www.grin.com ist die ideale Plattform zur Veröffentlichung von Hausarbeiten, Abschlussarbeiten, wissenschaftlichen Aufsätzen, Dissertationen und Fachbüchern.

Besuchen Sie uns im Internet:

http://www.grin.com/

http://www.facebook.com/grincom

http://www.twitter.com/grin_com

Bewertung und Management von Prozessrisiken

Seminararbeit

eingereicht am
Lehrstuhl für Informationssysteme in Dienstleistungsbereichen
Otto-Friedrich-Universität
Bamberg

von
Fabian Buckow

Studienrichtung: Wirtschaftsinformatik
1. Fachsemester

Inhaltsverzeichnis

Abbildungsverzeichnis

1. Einleitung

"Das größte Risiko unserer Zeit liegt in der Angst vor dem Risiko" (Schoek o.J.). Ein Satz der damals wie heute eine grundlegende Richtigkeit inne hat. Die Aussage ist gültig für alle Bereiche des Lebens, besonders in der Geschäftswelt trifft sie zu. Vor allem Unternehmen mussten sich schon immer mit Risiken auseinandersetzen. Unternehmen setzen sich diverse Ziele, welche sie binnen einen bestimmten Zeitraums erreichen wollen. Die Zielerreichung ist allerdings von unterschiedlichen Faktoren abhängig. Faktoren, welche Einfluss auf die Zielerreichung haben, können sowohl negativen als auch positiven Einfluss darauf haben. Solche negativen Auswirkungen können über die Verfehlung des Unternehmensziel hinaus eine größere Einflussmacht haben.

Die Angst *"einen möglichen Schaden bzw. den potenziellen Verlust einer Vermögensposition"* (Wolke 2008, Seite 1) zu erleiden, ist etwas mit dem jedes Unternehmen arbeiten muss.

Damit die Angst vor Risiken in Unternehmen nicht zu groß wird und ein Unternehmen negativen Schaden erleidet, wurden mehr als 80 verschiedene Rahmenwerke zum Thema Risk Management entwickelt. (Olson/Wu 2008) An diesen Rahmenwerken können sich Unternehmen orientieren, um diese weitestgehend standardisiert zu implementieren oder die Werke als Orientierungshilfe für eine unternehmenseigene Umsetzung einzusetzen.

Diese Rahmenwerke sollen helfen mögliche Verluste und Schäden auf ein Minimum zu reduzieren. Doch bevor ein Unternehmen Risiken überhaupt bewerten kann, muss dieses in der Lage sein Risiken zu erkennen. Ein Großteil dieser Seminararbeit befasst sich mit der Identifikation und Bewertung von Risiken, welche sich speziell in Prozessen finden. Ein Risiko zu erkennen reicht nicht aus um den potentiellen Schaden zu minimieren, daher muss jedes Risiko bewerten werden, damit ein priorisiertes Vorgehen erarbeitet werden kann.

Ist ein Risiko erkannt und bewertet, muss dieses Risiko dauerhaft überwacht werden, um dessen Eintritt auf die Dauer zu vermeiden oder sich bestmöglich darauf vorzubereiten. Dieses Thema wird ebenfalls in dieser Arbeit genauer betrachtet.

2. Definitionen

In diesem Abschnitt finden sich grundlegende Definitionen, welche für das Ver-
ständnis dieser Arbeit notwendig sind. Ebenfalls wird mittels dieser Begriffsbe-
stimmung der Rahmen dieser Arbeit festgelegt, welche ihr Hauptaugenmerk auf
die Bewertung und das Management von Prozessrisiken legt.

2.1 Prozess

Ein Prozess ist eine "*Verknüpfung von zusammenhängenden Aktivitäten, Entscheidungen, Informationen und Materialflüssen, die zusammen den Wettbe-
werbsvorteil eines Unternehmens ausmachen*" (Osterloh/Frost 2006, Seite 36).

Tätigkeiten eines Unternehmens werden des Öfteren unter dem Begriff des Ge-
schäftsprozesses zusammengefasst. Diese Prozesse werden ausgeführt um
einen Beitrag zur Wertsteigerung zu erzielen. Die Wertsteigerung kann in Form
von Profit, Reputation oder anderer Anreize erzielt werden (Brocke et al. 2012).

Aus den obigen Definitionen lässt sich ein Prozess als Abfolge unterschiedli-
cher, aber zusammengehöriger Aktivitäten beschreiben, welche nach Vollendi-
gung der letzten Aktivität einen Wertbeitrag für das Unternehmen schafft.

2.2 Prozessrisiko

"*Das Wort Risiko leitet sich aus dem Spanischen [risgo] bzw. dem Italienischen
[risico] ab, und bedeutet „Klippe", d.h. es kennzeichnet eine Gefahr für die See-
fahrer*" (Callies 1991, Seite 38). In der heutigen Zeit wird der Begriff nicht nur im
Bereich der Seefahrt verwendet, sondern in allen Bereichen des Lebens und
der Geschäftswelt.

Das Prozessrisiko stellt eine spezielle Form eines Risikos dar. Das Prozessrisiko "*umschreibt die Gefahr mangelhafter bzw. unsicherer Geschäftsabläufe.
Gründe hierfür sind nicht klar vorgegebene Verfahren, unzureichend definierte
Schnittstellen, unklare Qualitätsmerkmale, gravierende Ablauf- und Medienbrü-
che, undefinierte Zuständigkeiten, instabile Soft- und Hardware, fehlender Da-
tenschutz, Möglichkeiten der Manipulation, Spionage und Sabotage, mangelnde
Ausfallvermeidungsmaßnahmen sowie fehlende Vorkehrungen zur Bewältigung
gravierender Störungen und Unterbrechungen von Geschäftsprozessen*" (Thies
2008, Seite 17).

Zusammengefasst lässt sich, für die vorliegende Arbeit, ein Prozessrisiko als Faktor definieren, welcher negativen Einfluss auf die Zielerreichung eines Prozess hat.

2.3 Monitoring

Aus dem Englischen übersetzt bedeutet Monitoring soviel wie Beobachtung oder Überwachung. (Dict.cc o.J.)

Im Sinne des Risikomonitorings wird sich mit der Überwachung des Erfolgs und des Status der einzelnen Prozessschritte des Risikomanagements befasst (opfro.org o.J.).

Das Risikomonitoring als eigene Aufgabe ist von passiver Natur, welches nur auf Events aktiv reagiert (Pang 2008).

Darunter ist zu verstehen, dass das Monitoring alle Teilaufgaben des Risikomanagements dauerhaft überwacht, um im Falle eines besonderen Ereignisses oder Events eine Meldung über das Ereignis zu protokollieren.

2.4 Risikomanagement

Im Allgemeinen wird der Begriff Risikomanagement wie folgt verwendet. "*Unter Risikomanagement wird die Messung und Steuerung aller betriebswirtschaftlichen Risiken unternehmensweit verstanden*" (Wolke, Seite 1).

Genauer betrachtet wird in der Literatur dabei der Prozess in vier Schritte untergliedert.

Abbildung 1 Der Risikomanagement-Prozess (nach Wolke 2008, Seite 4)

In der Risikoidentifikation müssen alle betriebswirtschaftlichen Risiken erfasst werden. Mit Hilfe verschiedener Ansätze und Instrumenten werden die Risiken erfasst und in Risikoarten eingeteilt. Im zweiten Schritt des Risikomanagement-Prozesses werden an Hand von qualitativen und quantitativen Messverfahren die identifizierten Risiken bewertet. In der Risikosteuerung werden Handlungsmaßnahmen für die bewerteten Risiken abgeleitet. Abschließend widmet sich das Risikocontrolling der organisatorischen Facetten des Risikomanagements (Wolke 2008).

Für die vorliegende Arbeit wird der Begriff des Risikomanagements, vor allem durch die Risikoidentifikation, welchem dem ersten Prozessschritt des Risiko-management-Prozesses aus Abbildung 1 gleich kommt, geprägt. Des Weiteren ist der zweite von drei Hauptbestandteilen des Risikomanagements dieser Arbeit die Bewertung von Prozessrisiken. Dieser Abschnitt orientiert sich an der Risikomessung und -analyse aus Abbildung 1. Im letzten Abschnitt wird das allgemeine Management von Prozessrisiken beschrieben, welches sich an der Risikosteuerung und das Risikocontrolling nach Wolke orientiert.

3. Identifikation und Bewertung von Prozessrisiken

Im folgenden Abschnitt wird sich genauer mit der Identifikation von Risiken, sowie der Bewertung von identifizierten Risiken befasst. Im Rahmen der Identifikation von Prozessrisiken wird primär auf die Erkennung möglicher Risiken eines Prozess eingegangen. Die Wertung gefundener Risiken erfolgt unter dem nachfolgenden Schritt, der Bewertung.

3.1 Identifikation von Prozessrisiken

"Die Risiko-Identifikation ist der wichtigste Schritt im Risikomanagement-Prozess, denn Risiken, die nicht gefunden werden, können nicht bearbeitet werden" (Wanner 2013, Seite 72)

Ein strukturiertes Vorgehen ist für eine frühzeitige Erkennung von potenziellen Gefahren notwendig. Als Grundlage dafür dient eine konkrete Risikodefinition sowie eine Risikokategorisierung (Schneck 2010).

Die Kategorisierung kann auf abstrakter Ebene zwischen Makro- und Mikroumwelt vorgenommen werden (Wolke 2008). Unterhalb der Mikroumwelt lassen sich vier unternehmensspezifische Risikobereiche identifizieren. Zum einen gibt es leistungswirtschaftliche Risiken, welche sich aus Betriebs- und Absatzrisiken bilden. Des Weiteren finden sich finanzwirtschaftliche Risiken, die sich aus Marktpreis-, Kredit- Liquiditätsrisiken zusammensetzen. Abschließend sind noch die strategischen Risiken zu nennen (Schneck 2010).

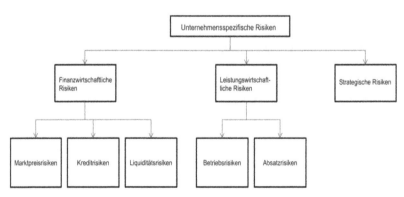

Abbildung 2 Unternehmensspezifische Risikobereiche (nach Wolke 2008, Seite 7)

Risiken sind in der Regel von unstrukturierter und komplexer Natur, was die Identifikation erschwert. Daher gibt es verschiedene Instrumente um auch solche Risiken frühzeitig systematisch zu erfassen. Einige dieser Instrumente nach Schneck (2010) sind:

- Technische und organisatorische Hilfsmittel
- Unternehmensanalysen
- Umweltanalysen
- Prognosetechniken
- Analysemodelle

Auf eine Vertiefung der einzelnen Instrumente wird in dieser Arbeit teilweise Verzichtet, da dies sonst den Rahmen der Arbeit sprengen würde. Im weiteren Verlauf dieses Kapitels werden zwei Instrumente ausführlicher beschrieben, welche des Öfteren in der Literatur beschrieben sind.

Sobald Risiken mittels diverser Instrumente identifiziert und kategorisiert worden sind, muss das Erkannte festgehalten werden. Dazu müssen gefundene Risiken detailliert dokumentiert und kommuniziert werden. Zu einer detaillierten Risikodokumentation gehört eine genaue Beschreibung des Risikos, sowie die Ursache und die Auswirkung des Risikos (Wanner 2013). Anhand der Dokumentation lassen sich, im weiteren Verlauf des Risikomanagement-Prozesses, Handlungsmaßnahmen für die Risiken definieren.

3.1.1 Checklisten

Checklisten eigenen sich für die Erkennung von Risiken und potentiellen Risikoquellen, welche einen offensichtlichen Einfluss auf den Prozess haben. Eine Checkliste stellt dabei einen Fragekatalog zur Verfügung, der speziell auf das Unternehmen und dessen Bedürfnisse abzielt. Ziel einer Checkliste ist ein systematisches Vorgehen, um homogene und lückenlose Risikoidentifikation auszuführen (Schneck 2010).

Anhand der dokumentierten Fragestellungen kann ein Prozess auf potentielle Risiken überprüft werden. Aus den gegeben Antworten lassen sich Risiken identifizieren und ableiten.

Ein Vorteil von Checklisten ist die einfache Ausführung, die Wiederverwendbarkeit für weitere Prozesse und der daraus resultierende Überblick von möglichen Risiken. Auf der anderen Seite steht jedoch das auftretende Sicherheitsgefühl, welches die Verwender von Checklisten den Glauben vermittelt, mit der Checkliste alle möglichen Risiken identifizieren zu können. Ebenfalls fehlt es bei dem

Einsatz von bereits angefertigten Checklisten an Kreativität zur Findung von Risiken, welche nicht mittels der Checkliste zu finden sind (Wanner 2013).

3.1.2 Delphi-Methode

Die Delphi-Methode basiert auf einer Befragung von Experten eines gewählten Gebiets. Dabei werden mehrere Experte im Rahmen von Einzelinterviews befragt, damit keine entstehende Gruppendynamik die Ergebnisse verfälschen könnte. Durch die direkte Befragung der einzelnen Experten erhält man ein kontrolliertes Feedback, welches nicht nur bei der Risikoidentifizierung, sondern auch in der Risikobewertung Verwendung findet (Wanner 2013).

Für die Identifikation von Prozessrisiken müssten die ausgewählten Experten Fachwissen aus dem Bereich des Prozesses, welche auf potenzielle Risiken hin untersucht werden soll, mitbringen. Da sich ein Prozess über mehrere Fachbereiche zusammensetzten kann, wären auch Experten, welche nur in einem Teilaspekt des Prozesses fundierte Kenntnisse besitzen, von relevanter Bedeutung.

Der Ablauf der Delphi-Methode wird in vier grundlegende Phasen eingeteilt. Vor Beginn der ersten Phase wird das Expertengremium ausgewählt (Schneck 2010). Dabei ist darauf zu achten, dass die Experten sich untereinander nicht kennen und die Befragung anonym stattfinden wird (Wanner 2013).

In der ersten Phase werden die Experten mit dem Prozess genauer vertraut gemacht. Anschließend werden sie gebeten, eigene Einschätzungen bzgl. der Prognoseentwicklung des Prozesses abzugeben. Der Zweck dahinter ist eine unbeeinflusste Meinung der Experten zu erhalten. In der darauffolgenden Phase werden die gesammelten Informationen ausgewertet und analysiert. Eine Berücksichtigung von Mittel- und Extremwerten findet dabei statt. Nach Abschluss der Analyse werden die Ergebnisse den befragten Experten übergeben, welche die Ergebnisse kritisch hinterfragen sollen und ggf. eine Korrektur ihrer eigenen Aussage vornehmen können. In der anschließenden dritten Phase werden die neuen Ergebnisse erneut analysiert und ausgewertet. Finden sich unter den Antworten der Experten dennoch Gruppenausreißer, sind diese zu begründen. Die letzte Phase befasst sich mit der erneuten Ausführung der dritten Phase, bis eine Konvergenz der Einzelaussagen an die Gruppenmeinung eintritt (Schneck 2010).

Im Vergleich zu den vorher beschriebenen Checklisten bietet die Delphi-Methode den Vorteil einer komplexeren Risikoidentifizierung. Dabei können Erfahrungen der Experten helfen, Risiken zu entdecken, an welche der Befragen-

8

de bislang nicht gedacht hat. Dadurch kann ein falsches Sicherheitsgefühl, wie es bei Checklisten vorkommt, weiter minimiert werden.

3.2 Bewertung von Prozessrisiken

Aufbauend auf der Prozessrisikoidentifikation müssen die erkannten Risiken gemessen werden. Mit Hilfe der quantitativen und der qualitativen Bewertung können Entscheidungen über Handlungsmaßnahmen von Risiken fundierter getroffen werden.

Im Rahmen der quantitativen Bewertung wird versucht, eine potentielle Gefahr mittels der Statistik, der Wahrscheinlichkeitsrechnung sowie der allgemeinen Mathematik zu bewerten (McNeil et al. 2005).

Im Vergleich zu der quantitativen Bewertung werden mittels der qualitativen Bewertung die Einflussgrößen eines Risikos quantifiziert. Dazu müssen alle Einflussgrößen, welche für den Vermögenswert von relevanter Bedeutung sind, erfasst und zu einer Gesamtgröße zusammengefasst werden (Wolke 2008). Eine Methode zur qualitativen Bewertung ist die Nutzwertanalyse, welche im weiteren Verlauf näher beschrieben wird (Klöti 2008).

3.2.1 Quantitative Bewertungen

Für diese Arbeit werden zwei quantitativen Bewertungsmethoden näher betrachtet. Es wird sich mit der Volatilität und dem Value at Risk auseinandergesetzt. Die Betrachtung weiterer quantitativer Bewertungsmethoden ist im Umfang dieser Arbeit nicht durchführbar. In der Literatur werden allerdings mehr Methoden beschrieben, welche sich mit diesem Thema auseinandersetzen. Die Auswahl der folgenden Methoden begründet sich in der weitverbreiteten Verwendung dieser Methoden.

3.2.1.1 Volatilität

Die Volatilität ist ein Begriff, welcher häufig Verwendung in der Finanzmathematik findet. Eine allgemeine Definition dazu findet sich im Börsenlexikon.

"Die Volatilität ist ein Risikomaß und zeigt die Schwankungsintensität des Preises eines Basiswertes innerhalb eines bestimmten Zeitraums. Je höher die Volatilität, um so stärker schlägt der Kurs nach oben und unten aus und desto riskanter aber auch chancenreicher ist eine Investition in das Basisobjekt. Es werden historische und implizite Volatilität unterschieden" (boerse.ard.de o.J.).

Für die Berechnung der Volatilität werden sowohl Höhe der zu erwartende Schwankung, als auch die Eintrittswahrscheinlichkeit der Schwankung herangezogen (Wolke 2008).

Für Prozessrisiken lässt sich daraus ableiten, dass ein Prozess, welcher starken Schwankungen mit hoher Eintrittswahrscheinlichkeiten unterliegt, eine Volatilität besitzt und das zugrundeliegende Risiko hohen Schaden anrichten kann. Als Schwankung eines Prozesses kann z.B. die Durchlaufzeit eines Prozesses gesehen werden. Wenn Durchlaufzeiten eines Prozess bei mehrmaliger Durchführung stark von einander abweichen, sind die Schwankungen sehr groß. Wird davon ausgegangen, dass die im Vorfeld definierte Durchlaufzeit überschritten wird, entstehen ungeplante Kosten oder auch eine Vermögensänderung. Umso länger die Durchlaufzeit überschritten ist, desto höher sind die anfallenden Kosten und die Auswirkung des zugrundeliegenden Risikos. Ist die Häufigkeit des Überschreitens der Durchlaufzeit groß, ist somit auch die Eintrittswahrscheinlichkeit groß.

Mittels dieser beiden Werte lässt die zu erwartende Vermögensänderung berechnen. Die zu erwartende Vermögensänderung berechnet sich aus allen Vermögensänderungen und den passenden Eintrittswahrscheinlichkeiten. Dazu werden sämtliche Vermögensänderungen mit den zugehörigen Eintrittswahrscheinlichkeiten multipliziert und aufsummiert. Mit Hilfe der errechneten zu erwartenden Vermögensänderung, der möglichen Vermögensänderungen und den zugehörigen Eintrittswahrscheinlichkeiten, lässt sich die Varianz eines Risikos errechnen. Dazu werden die Differenzen aus der möglichen Vermögensänderung und der zu erwartenden Vermögensänderung quadriert und mit der Eintrittswahrscheinlichkeit multipliziert. Die Summe aller möglichen Vermögenswahrscheinlichkeiten bilden dabei die Varianz. Um die Volatilität zu errechnen muss die Wurzel aus der Varianz gezogen werden. Mit Hilfe der Volatilität lassen sich die durchschnittlichen Abweichungen von einem Mittelwert erklären (Wolke 2008).

3.2.1.2 Value at Risk

Der Value at Risk ist ein Quantil der Verlustverteilung (McNeil et al. 2005). Der Value at Risk lässt sich aus der Volatilität ableitet, welche im Vorfeld berechnet werden muss (Coleman 2012). Unter Zuhilfenahme des Value at Risk können verschiedene Risikoarten unter einer Bewertungsmethode mit einander verglichen oder auch zusammengeführt werden. Eine Berücksichtigung des gemessenen Zeitraums und Einbeziehung von Geldeinheiten finden in der Value at Risk Methode anklang (Wolke 2008).

Wolke (2008) definiert den Value at Risk wie folgt:

"Der Value at Risk (VaR) ist definiert als der erwartete maximale Verlust der Risikoposition über eine bestimmte Liquidationsperiode für eine vom Entscheidungsträger festgelegte Sicherheitswahrscheinlichkeit." (Wolke 2008, Seite 31)

Die Risikoposition stellt dabei den Wert der Vermögensposition dar, welche von dem Risiko betroffen sind. Die Liquidationsperiode ist der Zeitraum, welcher benötigt wird, der im Falle des Risikoeintritts benötig wird, um den betroffenen Prozess zu rehabilitieren. Die Sicherheitswahrscheinlichkeit ist ebenfalls ein vom Entscheidungsträger zu bestimmender Wert. Der Entscheidungsträger legt dabei die gewünschte Wahrscheinlichkeit fest, mit welcher die Aussage des Value at Risk getroffen werden soll. Anhand der Sicherheitswahrscheinlichkeit lassen sich mittels des Quantils der Standardnormalabweichung die Anzahl der Standardabweichungen ableitet, welche für die Berechnung des Value at Risk notwendig sind. Aus Abbildung 3 wird ersichtlich, wie sich der Value at Risk berechnen lässt. Das Ergebnis ist ein Wert, welcher den maximal zu erwartenden Verlust in Geldeinheiten misst (Wolke 2008).

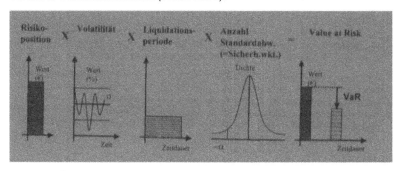

Abbildung 3 Schematische Darstellung der Berechnung des Value at Risk (Wolke 2008, Seite 32)

Mit Hilfe dieser Bewertungsmethode lässt sich die Auswirkung eines Risikos in Geldeinheiten quantifizieren. Das Ergebnis des Value at Risk hilft den Entscheidungsträgern bei dem Umgang mit dem Risiko.

3.2.2 Qualitative Bewertungen

In der qualitativen Bewertung werden nicht monetäre Eigenschaften von Objekten untersucht. Eine in der Literatur bekannte Methode dazu ist die Nutzwertanalyse. Der Grundgedanke der Nutzwertanalyse ist ein vergleichbares System von nicht monetären Eigenschaften von Objekten zu erstellen, um die Entscheidungsfindung zu erleichtern. Im ersten Schritt müssen alle zu bewertenden Eigenschaften der Objekte, sowie die zu erreichenden Ziele der Objekteigenschaften definiert werden. Im zweiten Schritt werden alle Eigenschaften anhand ihrer Zielerreichung auf einer metrischen Skala bewertet. Die Skala muss einen Nullwert enthalten, welcher die Zielverfehlung einer Objekteigenschaft symbolisiert. Im Vergleich dazu muss es einen Maximalwert geben, der von einer Objekteigenschaft erreicht werden kann, wenn die Zielerreichung dieser Eigenschaft in vollem Umfang vorliegt. Sind die einzelnen Eigenschaften anhand ihrer Zielerreichung bewertet, so müssen die einzelnen Eigenschaften gewichtet werden. Eigenschaften, welche für den Entscheidungsträger von größerer Bedeutung sind, erhalten eine höhere Gewichtung als weniger wichtige Eigenschaften. Die Gewichtung erfolgt auf relativer Ebene zu den Eigenschaften. Somit muss die Summe der Gewichtung aller Eigenschaften eines Objektes immer 100 % oder 1 sein. Ist die Festlegung der Gewichtung vollzogen, können die Ergebnisse aus Zielerreichung und Gewichtung multipliziert werden (Hoffmeister 2008).

Die errechneten Ergebnisse lassen sich abschließend der Größe nach ordnen und interpretieren (Klöti 2008).

Überträgt man das Konzept auf die Prozessrisiken ergibt, sich eine ähnliche Struktur. Für Prozessrisiken, welche keine direkten rechenbare monetären Auswirkungen bietet sich die Nutzwertanalyse an. Ein Risiko, welches einen Prozess davon abhält sein definiertes Ziel zu erreichen, ohne eine direkte monetäre Verbindung, kann im Rahmen der Nutzwertanalyse mit einer metrischen Skalenbewertung gemessen werden. Sorgt das Risiko dafür, dass der Prozess sein Ziel in keinster Weise erreicht, so ist die Eigenschaft des Risikos mit dem Maximalwert der der metrischen Skala zu bewerten. Ein Risiko kann sich auf mehr als eine Eigenschaft verteilen, daher kann man die Gewichtung der Risikoeigenschaften mit der möglichen Auswirkung des Risikoeintritts verknüpfen. Wie auch in der grundlegenden Nutzwertanalyse wird die Gewichtung der einzelnen Risikoeigenschaften in Abhängigkeit zueinander ausgeführt. Abschließend lassen sich die Ergebnisse jeden einzelnen Risikos aufsummieren und der Größe nach ordnen. Das Risiko mit der höchsten Punktzahl ist das mit der höchsten Priorität, da es voraussichtlich mit einer hohen Eintrittswahrscheinlichkeit eintreffen wird und dabei den größten Schaden anrichten kann. Mittels dieser Methode lassen sich relative Prioritäten innerhalb von erkannten Risiken erstellen.

4. Management von Prozessrisiken

In dem vorangegangenen Kapitel wurde beschrieben wie Prozessrisiken identifiziert und bewertet werden können. Dazu wurden unterschiedliche Instrumente und Methoden kurz vorgestellt. Das vierte Kapitel befasst sich mit der aktiven Auseinandersetzung mit den bewerteten Risiken. Das Hauptaugenmerk dieses Kapitels liegt auf den Handlungsmaßnahmen, welche vor einem Risikoeintritt durchzuführen sind, um die Auswirkung des Risikos einzugrenzen. Um den Umfang dieser Arbeit nicht zu sprengen wird von einer Untersuchung der Handlungsmaßnahmen, welche nach Risikoeintritt durchzuführen sind, um das Risiko zu kontrollieren, abgesehen.

4.1 Handlungsmaßnahmen

Die Handlungsmaßnahmen beschreiben, was Entscheidungsträger für Möglichkeiten haben, um aktiv gegen die Bedrohung des Risikos vorzugehen. Nach Wolke ergeben sich vier Handlungsmaßnahmen. Im folgenden werden drei Teilaspekte genauer betrachtet (Wolke 2008).

4.1.1 Risikovorsorge

Die Risikovorsorge ist eine Maßnahme bei der Rücklagen gebildet werden. Die gebildeten Rücklagen sind finanzieller Natur und werden im Eintrittsfall des Risikos ausbezahlt (boersenlexikon.faz.net o.J.).

Neben der Bildung von Rücklagen, welche an ein konkretes Risiko geknüpft sind, ist die Erhöhung des Eigenkapitals einer Unternehmung eine weitere Möglichkeit der Risikovorsorge. Mit Hilfe des erhöhten Eigenkapitals wird die Risikotragfähigkeit eines Unternehmens gestärkt. Darunter ist zu verstehen, dass eine Unternehmung in der Lage ist künftige Risiken durch einen finanziellen Puffer abzufangen (Wolke 2008).

In Bezug auf Prozessrisiken kann die Risikovorsorge als Rückhalt von finanziellen Mitteln gesehen werden, welche den möglichen Schaden eines eintretenden Prozessrisikos finanziell abfangen soll. Dazu eignet sich der Einsatz der Volatilität, welche die maximale Vermögensschwankung angibt. Die Volatilität wurde bereits in Kapitel 3.2.1.1 näher behandelt. Es lässt sich ableiten, dass aus theoretischer Sicht eine Risikovorsorge in Höhe des maximal zu erwartenden Verlustes ratsam wäre. Auf eine Untersuchung der Wirtschaftlichkeit dieses Vorgehens wird verzichtet, da dies den Rahmen der Arbeit sprengen würde.

4.1.2 Risikovermeidung

Eine Risikovermeidung im eigentlichen Sinne findet im unternehmerischen Umfeld wenig Andrang, da eine vollständige Eliminierung eines Risikos fast unmöglich ist (Wolke 2008). Eine Möglichkeit ein Risiko zu umgehen, ist das risikobehaftete Unterfangen vollständig einzustellen (Weber et al. 2001). Auf ein Prozessrisiko bezogen, müsste der gesamte Prozess stillgelegt werden, um ein Risiko zu vermeiden.

Dadurch würde das Risiko vermieden, allerdings auch das Ziel des Prozesses nicht erreicht werden (Weber et al 2001).

Diese Handlungsmaßnahme sollte nur als letzte mögliche Handlungsoption und nur unter extremen Situationen ausgeführt werden. Im Vorfeld müssen alle anderen Handlungsmaßnahmen ausgeschöpft worden sein. Ist das bedrohende Risiko dennoch vorhanden und die Auswirkung dessen Eintritts so enorm, dass sich eine Aufrechterhaltung des betroffenen Prozesses aus wirtschaftlichen Gründen nicht lohnt, so ist die Einstellung des Prozesses ratsam. Die Einbeziehung der Eintrittswahrscheinlichkeit des Risikos muss dabei gewährleistet sein.

4.1.3 Risikobegrenzung

Die Risikobegrenzung hat zum Ziel die Auswirkungen von Risiken zu minimieren. Dazu werden verschiedene Limits gesetzt, mittels derer die Tragweite eines Risikos begrenzt werden soll (wirtschaftslexikon.co o.J.).

Für ein Prozessrisiko bedeutet das, dass die Eigenschaften des Risikos mit Limits begrenzt werden, um die Auswirkungen des Risikos besser kontrollieren zu können.

Eine Möglichkeit, um das Prozessrisiko einer langen Prozessdurchlaufzeit zu begrenzen, könnte sein, die einzelnen Prozessschritte mit einem zeitlichen Limit zu versehen. Im Falle einer Überschreitung würden die Aufgaben des Prozessschrittes an einen Vertreter übermittelt werden, welcher sich der Arbeit annimmt. Somit würde die maximale Durchlaufzeit begrenzt werden und die Kosten können dafür besser kalkuliert werden, als wenn die Arbeit des einzelnen Prozessschrittes über eine unbekannte Dauer unerledigt bleibt.

4.2 Monitoring

Das Monitoring oder die Überwachung von Prozessrisiken ist kein abschließender Schritt des Risikomanagement-Prozesses. Vielmehr ist es ein kontinuierlicher Schritt, welcher sich durch alle Phasen des Risikomanagement-Prozesses zieht. Im Rahmen des Monitorings werden alle geplanten und ausgeführten Handlungen auf ihre Zielerreichung hin überprüft. Dazu werden in regelmäßigen Zeitabschnitten Soll-Ist-Vergleiche durchgeführt, um festzustellen ob alle definierten Ziele erreicht sind. Bei nicht erreichten Zielen wird geprüft, ob die Maßnahmen ihre Ziele in einer bestimmten Zeit erreichen werden. Werden Maßnahmen identifiziert, welche ihre Ziele nicht erreichen werden, müssen diese neu analysiert, ausgeführt und dauerhaft überwacht werden, um dauerhaft vor überraschenden Risiken gewarnt zu sein (Ehrmann 2012).

5. Zusammenfassung und Ausblick

In der vorangegangen Arbeit wurde sich mit der Identifizierung von Prozessrisiken befasst und zwei Instrumente näher beschrieben. Dabei zeigte sich, dass die Identifikation die grundlegende Phase des Risikomanagement-Prozess ist. Dies wurde mit der Tatsache begründet, dass nur erkannte Risiken eingeschätzt und behandelt werden können. Die zwei beschriebenen Instrumente stellten dabei nur eine kleine Auswahl der existierenden Identifikationsinstrumente dar. Zum einem wurde sich mit der Checkliste auseinander gesetzt, welche einen schnellen Überblick über die Risikosituation liefert, aber als alleiniges Identifikationsinstrument eher ungeeignet ist. Zum anderen wurde die Delphi-Methode näher betrachtet, die mittels Expertenbefragungen eine komplexere Risikoidentifikation ermöglicht.

Des Weiteren wurde sich intensiver mit der Bewertung von Prozessrisiken beschäftigt. Dazu wurde eine grobe Unterteilung in quantitative und qualitative Bewertungen vorgenommen. Im Bereich der quantitativen Bewertungen wurden der Value at Risk und die Volatilität vorgestellt. Während sich die Volatilität rein mit Vermögensschwankungen eines Risikos befasst, wird beim Value at Risk eine zeitliche und finanzielle Komponente mitberücksichtigt. In der qualitativen Risikobewertung erfolgte eine detaillierte Beschreibung der Nutzwertanalyse und deren Verwendung für Prozessrisiken unter besonderer Berücksichtigung von nicht monetären Eigenschaften.

Im letzten Abschnitt wurde das Management von Prozessrisiken verdeutlicht. Dabei erfolgte eine Unterteilung in Handlungsmaßnahmen, um gegen Risiken vorzugehen, sowie in die Überwachung von Prozessrisiken. Im Rahmen der Handlungsmaßnahmen wurden drei Maßnahmen beschrieben. Die Risikovorsorge befasste sich mit der finanziellen Absicherung gegenüber Risiken, welche im Vorfeld angelegt werden muss. In der Risikovermeidung wurde ersichtlich, dass eine vollständige Vermeidung von Prozessrisiken nur unter Stilllegung des Prozesses möglich sei. Die Risikobegrenzung setzte sich mit der Limitation von Prozesseigenschaften auseinander, um eine Schadenskontrolle eines Risikos zu erhalten. Abschließend wurde das Monitoring von Risiken als kontinuierlicher Prozess zur Überwachung von Risiken, sowie der Zielerreichung von Handlungsmaßnahmen betrachtet.

Als vertieftes Thema zu dieser Arbeit würde sich eine genauere Untersuchung der Wirtschaftlichkeit einer finanziellen Risikovorsorge auf Basis der Volatilität anbieten. Dadurch könnte näher beschrieben werden, ob eine finanzielle Absicherung in Höhe des maximal zu erwartenden Verlustes durch ein Prozessrisiko empfehlenswert ist.

Literaturverzeichnis

Brocke, J. und Seidel, S. und Recker, J. (2012): "Green Business Process Management", 1. Auflage, Springer-Verlag, Berlin Heidelberg.

Callies, P. (1991): "Ungewißheit und Risiko im sowjetischen planwirtschaftlichen System", Volkswirtschaftliche Schriften (415). Duncker & Humblot, Berlin.

Coleman, T. (2012): "Quantitative Risk Management", 1. Auflage, John Wiley & Sons, New Jersey, USA.

Ehrmann, H. (2012): "Risikomanagement in Unternehmen", 2. Auflage, NWB-Verlag, Herne.

Hoffmeister, W. (2008): "Investitionsrechnung und Nutzwertanalyse", 2. Auflage, Berliner-Wissenschaftsverlag, Berlin.

Klöti, L. (2008): "Personalrisiken", 1. Auflage, Haupt Berne, Schweiz.

McNeil, A und Frey, R. und Embrechts, P (2005): "Quantitative Risk Management", 1. Auflage, Princeton University Press, New Jersey, USA.

Olson, D. und Wu, D. (2008): "New Frontiers in Enterprise Risk Management", 1. Auflage, Springer-Verlag, Berlin Heidelberg.

Osterloh, M. und Frost, J. (2006): "Prozessmanagement als Kernkompetenz", 5. Auflage, Gabler Verlag, Wiesbaden.

o.V. (o.J.): "Monitoring", http://www.dict.cc/?s=monitoring(Abrufdatum: 22.08.2013).

o.V. (o.J.): "Risikobegrenzung", http://www.wirtschaftslexikon.co/d/risikobegrenzung/risikobegrenzung.htm(Abruf datum: 22.08.2013).

o.V. (o.J): "Risikovorsorge", http://boersenlexikon.faz.net/risikovo.htm(Abrufdatum: 22.08.2013).

o.V. (o.J.): "Risk Monitoring",

http://www.opfro.org/index.html?Components/WorkUnits/Tasks/RiskManageme
nt/RiskMonitoring.html~Contents(Abrufdatum: 22.08.2013).

o.V. (o.J): "Volatilität",

http://boerse.ard.de/boersenwissen/boersenlexikon/volatilitaet-
100.html(Abrufdatum: 22.08.2013).

Pang, A. (2008): "Visualizing Uncertainty in Natural Hazards", in: Bostrom, A.
und French, S. und Gottlieb, S.: Risk Assessment, Modeling and Decision Sup-
port, 1.Auflage, Springer-Verlag, Berlin Heidelberg, S. 261-294.

Schneck, O. (2010): "Risikomanagement", 1. Auflage, Wiley-VCH Verlag,
Weinheim.

Schoek, H (o.J.): "Risiko",

http://www.zitate.de/kategorie/Risiko/(Abrufdatum: 22.08.2013).

Thies, K. (2008): "Management operationaler IT- und Prozess-Risiken", 1. Auflage, Springer-Verlag, Berlin Heidelberg.

Wanner, R. (2013): "Risikomanagement für Projekte", 2. Auflage, Amazon Dis-
tribution, Leipzig.

Weber, J. und Weißenberger, B. und Liekweg, A. (2001): "Risk Tracking &
Reporting", in: Götze, U. und Henselmann, K.: Risikomanagement, 1. Auflage,
Physica-Verlag, Heidelberg.

Wolke, T. (2008): "Risikomanagement", 2. Auflage, Oldenbourg Wissen-
schaftsverlag, München.